Theo von Taane

The Walking Dad!
Witzebuch

Zwischen Autor dieses Buches und den Machern von The Walking Dead oder einer seiner Tochterunternehmen besteht keinerlei Verbindung. Dieses Buch ist durch The Walking Dead oder eine seiner Tochterunternehmen weder genehmigt, noch unterstützt und auch nicht mit diesen Parteien in irgendeiner Weise verbunden.

Bibliografische Information der Deutschen Nationalbibliothek:
Die Deutsche Nationalbibliothek verzeichnet diese Publikation in der Deutschen Nationalbibliografie; detaillierte bibliografische
Daten sind im Internet über http://dnb.dnb.de abrufbar.

© *2015 Theo von Taane; 1. Auflage*

Herstellung und Verlag: BoD – Books on Demand, Norderstedt

ISBN: 9783739213507

Rick hält es für besonders wichtig Carl seine Überlebensstrategien beizubringen. Heute enthüllt er Carl eine besonders wichtige Erkenntnis.

Rick: „Woher weißt du ob du es mit einem schlauen Zombie zu tun hast?"

Carl: „Schlaue Zombie? So ein Blödsinn!"

Rick: „Carl, man kann sie an den Helmen erkennen die sie tragen."

—

Rick: „Carl, wie viele Zombies benötigt man um eine Glühbirne einzudrehen?"

Carl: „Einer sollte genügen, oder Dad?"

Rick: „Warum schaust du Zombies zu wie sie eine Glühbirne eindrehen, Carl? Erschieß sie!!!"

—

Glenn: „Scheiß auf das Storyboard. Ich will Negan mit meinem Baseballschläger erschlagen!"

—

Rick spricht zu Carl und versucht ihn auf die Begegnungen mit den Zombies vorzubereiten.

Rick: „Was machst du wenn du ein Zombie siehst?"

Carl: „Hoffen, dass HALLOWEEN ist!"

—

Carol: „Hey Rick, wie war die Zombie-Party in Herschels Schuppen?"

Rick: „Sie war tot und voll steifer Typen!"

—

Zwei Zombies fallen vom Dach.

Der eine ist tot und der andere hat den Sturz überlebt....

—

In der Drehpause zu einer Folge ‚The Walking Dead' Herschel zu Andrea:

„Andrea, du weißt doch was wir beide im Comic tun, oder…?

—

Frage: Was sagte der Zombie zu seinem Date?

Antwort: Ich liebe einfach Frauen mit Gehirn & Köpfchen!

—

Frage: Wie hat der Zombie sein neues Dating-Handbuch genannt?

Antwort: „Ich sterbe dafür dich treffen zu können.!"

—

Frage: Wie nennt man einen Zombie mit einem Haufen Kinder?

Antwort: Ein MOMster!

—

Carl: „Also, die Zombies sehen ja immer sehr schmutzig aus. Dad, wohin gehen eigentlich die Zombies wenn sie mal baden wollen?"

Rick: „Zum Toten Meer!"

—

Rick wird durch eine Zombie-Herde von seiner Gruppe abgeschnitten. Er fasst sich ans Herz und kämpft sich mutig mitten durch die Herde zu seinen Leuten durch. Dort angekommen wird er von Glenn das Folgende gefragt:

Glenn: „Rick, was war das für ein Gefühl, sich durch die Horde von Zombies durchzukämpfen?"
Rick: „Das war wie damals am Weihnachtsabend bei Kaufland."

—

Frage: Was waren die letzten Worte von Ricks Frau?

Antwort: „Komm lass uns Zombies werden, dann kannst du mich unendlich lieben!"

—

Carl: „Dad, sind es diese schwarze Augenringe die Zombies so tot aussehen lassen?"

Rick: „Nein, aber tot sein tut es!"

—

Frage: Was bekommt ein Zombie wenn er zu spät nach Hause kommt?

Antwort: Die kalte Schulter!

—

Frage: Was aß der Zombie nachdem seine Zähne gezogen waren?

Antwort: Den Zahnarzt!

—

Frage: Essen Zombies Süßigkeiten mit ihren Fingern?

Antwort: Nein, sie essen ihre Finger, separat!

-

Frage: Welches ist die Lieblingsendung von Zombies?

Antwort: "Zerhacke den Star!"

-

Frage: Warum ging der Zombie ins Krankenhaus?

Antwort: Er wollte ein paar richtig KRANKE Witze lernen!

-

—

Frage: Wie sehen Zombies in ihre Zukunft?

Antwort: Mit ihrem HORRORskop!

—

Frage: Welche Art von Hunden mögen Zombies am liebsten?

Antwort: BLUThunde!

—

Frage: Warum starb der Zombie der unter einer Lese- und Rechtschreibschwäche litt an Hunger?

Antwort: He konnte keine SNIAAARB finden!

—

Rick: „Carl, du musst unbedingt die Gewohnheiten der Walker kennen. Du solltest z.B. wissen wann Zombies sich zur Ruhe begeben. Wann gehen Zombies zu Bett, Carl?"

Carl: „Wenn sie todmüde sind."

—

Frage: Warum ignorierte der Zombie alle seine Facebook Freunde?

Antwort: Er war noch immer am Verdauen seiner ganzen Followers auf Twitter!

—

Frage: Warum ging der Zombie zum Zahnarzt?

Antwort: Um seinen BISS zu verbessern!

—

Frage: Wie stellt sich ein Zombie vor?

Antwort: Er sagt: „Nett sie zu essen."

—

In dem Bemühen Carl in den wichtigsten Gewohnheiten der Zombies einzuweisen, stellt er immer wieder entsprechende Wissensfragen, wie z.B. die Folgende.

Rick: „Carl, Welches ist das Lieblingsessen von Zombies?"

Carl: „I-Scream!"

(‚I scream' hört sich so ähnlich an wie ‚Eiscreme' und zusätzlich bedeutet ‚I scream' übersetzt ‚ich schreie')

-

Rick: „Carl, weißt du warum der Friedhof umzäunt ist?"

Carl: „Weiß nicht."

Rick: „Weil die Leute dafür sterben um dorthin zu kommen."

-

Rick: „Carl, wo hausen die meisten Zombies?"

Carl: „Das weiß ich, Dad. Sie hausen am toten Ende (dead end) der Straße!"

Frage: Was sagte der Zombie zu seiner Freundin, nachdem er sie beim Fremdgehen erwischt hatte.

Antwort: „Du bist tot für mich!"

—

Glenn: „Ich kenne einen Hammerwitz, Rick. Wie nennt man einen Zombie der nicht rennen kann?"

Rick: „Weiß ich nicht, wie denn?"

Glenn: „The Walking Dead"

—

Deine Mutter ist so hässlich, dass die Walkers in ‚The Walking Dead' vor ihr weglaufen.

—

Rick: „Carl, woran erkennst du, dass sich ein Zombie mit einem Wagen nähert?"

Carl: „Zombies können nicht Autofahren, Dad."

Rick: „Doch Carl, sie fahren am liebsten Monster-Trucks!"

—

Der Baby Zombie fragt seine Mutter: „Mutter, habe ich Vaters Augen?"

Die Mutter antwortet:

„Ja, hast du mein Schatz! Nun esse sie auf bevor sie kalt werden!"

—

Die Tochter zur Mutter:

„Ich weiß dass er ein Zombie ist, aber immerhin habe ich einen Jungen gefunden der mich meines Gehirns wegen will."

—

Rick steht zusammen mit Carl auf einer kleinen Anhöhe und zeigt auf eine Gruppe Kinder die im Lager spielen, dann fragt er:

Rick: „Warum haben die Kinder den Mann fälschlicherweise für einen Zombie gehalten?"

Carl: „Ich weiß es nicht, Dad."

Rick: „Weil er schon 99 Jahre alt war und fürchterlich wütend!"

—

Frage: Was sagte der Kumpel des Zombies als er ihm seine neue Freundin vorstellte?

Antwort: „Wo zur Hölle hast du die denn ausgegraben?"

—

Im Versuch der jüngeren Generation zu gefallen, hat die Katholische Kirche entschieden den Ostersonntag in ‚Zombie Jesus Tag' umzubenennen.

—

Als ich mit meinem Kumpel so in meinem Halloween Kostüm spazieren ging fragte er in heiterer Art:

"Also, so mit der roten Jacke, der grünen Haut und den engen Hosen siehst du aus wie der Zombie, aus dem Video von Michael Jacksons Thriller, richtig?"

"Nein."

"Nicht? Wer bist du dann?"

"Michael Jackson."

-

Ostern: Die weltweit erste Zombie Story.

-

Das Telefon klingelt. Rick hebt den Hörer ab und fragt: „Hallo…?".

Meldet sich am anderen Ende der Leitung stöhnend eine Stimme:

„Hier Zombieeehhh…"

-

Was wäre wenn ein Mensch ein Zombie beißt und dieser sich in einen Menschen verwandelt?

-

Frage: Was spielen kleine Zombies am liebsten?

Antwort: Körper & Grabräuber!

-

—

Frage: Warum waren die Zombies, die die Schule besuchten klug?

Antwort: Weil sie hier viel Gehirnnahrung fanden.

—

Rick: „Carl, warum machen Zombies immer einen großen Bogen um Gebäude mit einem Amtsgericht?"

Carl: „Weiß nicht, warum denn?"

Rick: „Sie haben Angst auf ‚lebenslang' verurteilt zu werden, Carl."

—

Frage: Was bekommt man wenn du einen Pfadfinder mit einem Zombie kreuzt?

Antwort: Ein Kind das kleine alte Damen über die Straße erschreckt!

—

Frage: Was sagte das Zombie-Mädchen zu ihrem neuen Freund?

Antwort: „Du hast mein Herz gestohlen!"

—

Frage: Was sagte der Zombie zu seinem Date?

Antwort: „Ich liebe nur Frauen mit Gehirn."

—

Frage: Warum kaufte sich der Zombie ein Sportwagen?

Antwort: Weil er die Apokalypse genießen wollte!

—

Frage: Was ist die größte Erfindung der Zombies?

Antwort: Gehirn in Dosen!

—

Eine im Blutrausch rasende Herde von Zombies sprengt eine Party. Zwei

Polizisten kommen später zum Haus und sehen wie überall leblose Körper herumliegen. Der eine Polizist sagt:

„Komm lass uns gehen, die Party ist tot."

—

Frage: Warum können Zombies keine Musik schreiben?

Antwort: Weil sie zu beschäftigt sind mit ihrer eigenen Verrottung.

—

Zwei Zombies kommen in eine Bar.

Der erste dreht sich zum anderen und sagt: "Uuuunnnggh

hhhhaaaalllghoooaars gaaaaarrr hauooog."

Der Zweite schaut zum ersten und sagt: "hhhhuuuunggrrghh hrrnnnnnnn grrrraaaahhh."

Dann aßen sie den Barkeeper.

-

Frage: Sie regen sich über die Shotgun und die unendliche Munition von Herschel auf?

Antwort: Na ok, dann erklären sie bitte wie realistisch eine Serie mit Zombies überhaupt sein kann!

-

—

Zwei Zombies finden ein Skelett.

Einer von ihnen ruft:

„Hey sieh Mal, Crackers!"!

—

Frage: Welches Duftwasser ist der Renner unter Zombies?

Antwort: Eau de Toilette.

—

Frage: Was steht auf dem Grabstein eines Zombies, der weggesprengt wurde?

Antwort: R.I.P. = Rest in Pieces

—

Frage: Was antwortet der Zombie, wenn man ihn nach dem Weg fragt?

Antwort: Immer der Nase nach (wirft die Nase)

—

Frage: Was macht ein Zombie wenn er verliebt ist?

Antwort: - an den Fingern zupfend - Sie liebt mich, sie liebt mich nicht...

—

Frage: Wie nennen Zombies eine Intensivstation im Krankenhaus?

Antwort: Ein Buffet.

—

Der Anrufbeantworter des Krematoriums:

„Hier ist das Krematorium. Wir haben zur Zeit Hochbetrieb, alle Öfen sind an der Grenze ihrer Kapazität angelangt. Daher können wir uns im Augenblick auch nicht selbst um sie kümmern. Hinterlassen sie uns bitte ihren Namen und ihre Rückrufnummer, damit wir ihrem Zombie einen Verbrennungstermin zuteilen können."

—

Kämpfen zwei Zombies um ihr Leben...

—

Der Zombie der die Hühner frisst, ein hundsgemeines Haustier ist.

—

Hat der Zombie kalte Schuhe, steht er in 'ner Tiefkühltruhe.

—

Frage: Wie nennen Zombies Skelette?

Antwort: Leergut

—

Zwei Zombies treffen sich um Mitternacht auf dem Friedhof. Sagt der eine:

„So, du machst also auch Inventur?"

—

Stehen zwei Zombies auf der Mauer, der eine fällt runter, der andere ist auch tot.

—

Die letzten Worten des Arztes der einen Zombie behandelt: „Sag Ahhhhhhh..."

—

Drei Zombies stehen auf der Brücke. Der erste Zombie springt und ist tot. Der zweite Zombie springt und ist tot. Der dritte Zombie springt, überlebt, klettert wieder nach oben, springt wieder ... und ist tot.

Anrufbeantworter der anonymen Zombies:

Hier ist der Anrufbeantworter der anonymen Zombies. Bitte stöhnen sie laut ein „Braaaaaaaiiiiiiiiiin" nach dem Piepton.

—

Frage: Was lieben Zombies in der Dusche?

Antwort: Head and Shoulders

—

Frage: Wie steigt ein Zombie die Treppe runter?

Antwort: Stück für Stück

Frage: Was macht der Zombie auf der Party?

Antwort: Tanzen bis die Fetzen fliegen.

Frage: Wie nennt man ein ehemaliges Zombie-Foto-Modell?

Antwort: Ein Skelett.

Frage: Warum essen Zombies keine Clowns?

Antwort: Weil die so komisch schmecken.

Frage: Was ist ein Zombie in der Badewanne?

Antwort: Eine Brausetablette

—

Frage: Was macht ein Zombie aus einem Arzt?

Antwort: Einen HotDoc

—

Frage: Was macht ein Zombie beim Fußball?

Antwort: Er fault

—

Frage: Was macht ein Zombie mit seiner Freundin beim ersten Date?

Antwort: Er vernascht sie.

—

Frage: Was ist ein Zombie mit grauen Haaren?

Antwort: Eine Pusteblume

—

Frage: Woran erkennt man, dass ein Zombie vom Hochhaus gesprungen ist?

Antwort: Die Füße stehen noch oben.

—

Rick: „Ich habe meine Uhr gegessen!"

Carl: „Dad hör auf!"

Rick: „Aber es war reine Zeitverschwendung."

—

Rick: „Der Zombie hatte den linken Teil deiner Mom gegessen."

Carl: „Ohhh!"

Rick: „Aber kein Problem, sie ist jetzt wieder ‚all **right**'…"

(right = rechts aber ‚all right' wird mit ‚alles in Ordnung' übersetzt)

—

Ein Musiker wurde von einem Zombie in den Arm gebissen:

Doc: „Wenn du Glück hast und wir gleich amputieren, lebst du vielleicht noch 5 Monate."

Musiker: „Wovon denn?"

—

Rick: „Carl, hast du unsere Kartoffel-Vorräte gezählt? Wie viele haben wir noch?"

Carl: „Dad, Mom ist tot!"

Rick: „Carl, was ist mit unseren Kartoffeln?!"

—

Carl: „Dad, warum haben die Zombies Peters Bein gegessen?"

Rick: „Ich weiß nicht, vielleicht kommen sie so besser in den Tritt?"

—

Rick: „Hey Carl, in meinem Zombie Im- und Exportunternehmen ist ein Job frei geworden. Hast du Interesse?"

Carl: „Weiß nicht. Keine Lust."

Rick: „Der Kuchen backt sich nicht von allein, Carl!"

—

Chuck Norris kann Zombies so beißen, dass sie wieder zu Menschen werden.

—

Was sagte Chuck Norris als er eine Folge ‚The Walking Dead' angesehen hatte?

„Ich bin hungrig."

—

„Coole Story, Carl. Und ich habe meine Mutter erschossen."

—

Sei immer du selbst und bleibe dir treu; außer du kannst sein wie Rick Grimes.

Dann sei immer so wie Rick Grimes.

—

Rick: „Warum kann Barbie nie schwanger werden?"

Carl: „Dad, komm lass das doch.."

Rick: „Weil Ken immer in einer anderen Box kommt. Er *kommt* in einer anderen Box, Carl!?"

—

Rick: „Ich habe den Namen meines Ipads in Titanic umgeändert."

Carl: „Hör auf Dad..."

Rick: „Ich wechselte den Namen auf Titanic und das Display zeigte ‚syncing' an."

—

Carl: „Du hast mich beschissen!"

Rick: „Ich würde dich nie bescheißen, Carl. Du bist doch mein bester Hosenscheißer!"

Stoßgebet eines ‚The Walking Dead'-Fans:

„Bitte lieber Gott, lass meine Lieblingscharaktere wenigstens bis zum Saisonfinale überleben."

—

Frage: Was sagte Carol, als das Lager von einer Horde Zombies angegriffen wurde?

Antwort: „Los lasst uns den Scheiß schnell hinter uns bringen, ich habe noch einen Braten im Ofen!"

Frage: Warum kann man keine Brücke nach ‚Rick Grimes' benennen?

Antwort: Weil keiner ‚Rick Grimes' in die Quere kommen darf!"

—

Rick und der Doc gehen über den Friedhof, als sich auf einmal eine verweste Hand aus einem der Gräber erhebt und eine Stimme röchelnd zu hören ist:

„Doc, haben sie vielleicht ein gutes Mittel gegen Würmer?"

—

Frage: Wie nennen Zombies einen Skateboard-Fahrer?

Antwort: Einen Rollbraten.

—

Kommt ein Zombie zum Arzt, sagt der Arzt:

„Sie hätten früher kommen sollen!"

—

Papa Zombie kommt mit einer frischen Leiche nach Hause. Sofort stürzt sich die ganze Familie auf die Beute. Die Zombiekinder sind schon ganz quengelig und als sie beim Fuß angelangt sind, sagte das eine:

„Würg, schon wieder Käse!"

Darauf antwortete der Zombie Papa:

„Ruhig sein und esst das auf! Es enthält viel gesundes Vitamin Zeh!"

—

Ein Zombie ist hinter einem Mann her. Nach einer kurzen Verfolgungsjagd verläuft sich der Mann hinter einer Abbiegung und gelangt in eine Sackgasse. Da kommt der Zombie dem in der Falle sitzenden Mann immer näher. Dieser spricht zum Zombie: „Lass mich doch gehen, ich habe eine Frau und sechs Kinder zu ernähren."

Darauf der Zombie:

„Ich auch."

—

„Doc, wohin bringst du mich denn?"

„Ins Leichenschauhaus."

„Aber ich bin doch noch gar nicht tot!"

„Naja, wir sind ja auch noch nicht da..."

—

"Was tut ein Zombie am Morgen nach einer wilden Party? - Er sieht nach, wo er den Kopf verloren hat

—

—

Rick: „Carl, wir haben keinen Strom mehr. Wir brauchen wieder mehr Kot..."

Carl: „Mom ist tot, Dad."

Rick: „Wir brauchen den Kot, Carl..."

—

Was sagt ein Zombie zum anderen wenn sie einen Jogger sehen?

"Oje, schon wieder **Fastfood**"

—

"Was sucht ein Zombie am Strand? Es legt sich auf die faule Haut!"

—

Liegt ein Auge auf dem Tresen ist ein Zombie dagewesen

—

Kommt ein Zombie in ein Feinkostladen und sagt:

„Haben sie auch Eskimos? Wir haben heute Abend ein kaltes Buffet!"

—

Ende

Weitere Bücher von Theo von Taane:

- Minecraft Notizbuch
  ISBN: 9783738628852
- Happy - Wünsch dir was!
  ISBN: 9783734728570
- Tennis Witze Knallbonbons
  ISBN: 9783732296490
- Tennis - ewiger Kalender
  ISBN: 9783734741289
- Witze rund um Volleyball
  ISBN: 9783734731801
- Witze rund um Basketball
  ISBN: 9783734703824
- Witze rund ums Schwimmen
  ISBN: 9783734734460
- Witze rund um Schach
  ISBN: 9783734731658
- Witze rund um Tischtennis
  ISBN: 9783734731648
- Witze rund um Eishockey
  ISBN: 9783734730716
- Witze rund um Handball
  ISBN: 9783734731690
- Witze rund um Karate
  ISBN: 9783734731666
- Witze rund um Judo
  ISBN: 9783734731674
- Witze rund um Golf
  ISBN: 9783734731704
- Witze rund um Fußball
  ISBN: 9783734731712
- „Je öfter man drückt, desto

schneller kommt der Fahrstuhl!"
ISBN: 9783735785794
- Basketball Notiz- und Taktikblock
  ISBN: 9783734748110
- Eishockey Notiz- und Taktikblock
  ISBN: 9783734748387
- Feldhockey Notiz- und Taktikblock
  ISBN: 9783734748844
- Fußball Notiz- und Taktikblock
  ISBN: 9783734748851
- Futsal Notiz- und Taktikblock
  ISBN: 9783734748868
- Handball Notiz- und Taktikblock
  ISBN: 9783734748875
- Lacrosse Damen Notiz- und Taktikblock
  ISBN: 9783734748882
- Lacrosse Herren Notiz- und Taktikblock
  ISBN: 9783734748905
- Korbball Notiz- und Taktikblock
  ISBN: 9783734748936
- Schach Notiz- und Taktikblock
  ISBN: 9783734748950
- Squash Notiz- und Taktikblock
  ISBN: 9783734748974
- Tennis Notiz- und Taktikblock
  ISBN: 9783734746406
- Tischtennis Notiz- und Taktikblock
  ISBN: 9783734748967
- Volleyball Notiz- und Taktikblock
  ISBN: 9783734748981

Motiv Notizbücher von Theo von Taane:

Titel	ISBN
Weltbeste Tennisspielerin	9783738610055
Weltbester Angler	9783738610062
Weltbester Bauarbeiter	9783738610079
Weltbester Eishockeyspieler	9783738610086
Weltbester Gärtner	9783738610093
Weltbester Golfer	9783738610109
Weltbester Jäger	9783738610116
Weltbester Judokämpfer	9783738610123
Weltbester Karatekämpfer	9783738610130
Weltbester Kraftsportler	9783738610147
Weltbester Läufer	9783738610154
Weltbester Radfahrer	9783738610161
Weltbester Inline Skater	9783738610178
Weltbester Skifahrer	9783738610185
Weltbester Snowboarder	9783738610192
Weltbester Sportler	9783738610208
Weltbester Surfer	9783738610215
Weltbester Taucher	9783738610222
Weltbester Tennisspieler	9783738610239

...weitere Titel verfügbar und aktuell in Vorbereitung.

Von Theo von Taane gibt es mehr Witzebücher, Spiele, Kalender, Notizbücher, Tools etc. als hier aufgeführt sind.
Einfach mal im Store nach ‚von Taane' suchen.

Viel Spaß!